Prosopopeya

Pablo Macho Otero

Llum de guàrdia

La biblioteca del Lliure

Primera edición: enero de 2025
Editan: Editorial Comanegra / Teatre Lliure

© Pablo Macho Otero, 2024
© **de esta edición:** Editorial Comanegra /
Teatre Lliure (Temporada 24/25), 2025

Editorial Comanegra
Consell de Cent, 159
08015 Barcelona
www.comanegra.com

Coordinación editorial: Marina Laboreo
Diseño de portada: Víctor García Tur
Maquetación: Edu Vila
Corrección: Alejandra Devoto
Impresión: QPPrint
y los equipos del Teatre Lliure

ISBN: 978-84-10161-39-9
Depósito legal: B 501-2025

Prosopopeya

Pablo Macho Otero

'Il' teatre lliure

comanegra

El estreno mundial de *Prosopopeya*, pieza dirigida por Emma Arquillué y su autor, Pablo Macho Otero, con la compañía La Bella Otero, se estrena en el Espai Lliure del Teatre Lliure en Montjuïc el 16 de enero de 2025 y se representa hasta el 9 de febrero. Firma/n el espacio escénico Yaiza Ares; el espacio sonoro, Santiago Aguilera; el movimiento, Oriol Pla; la visión externa, Jordi Oriol; el asesoramiento mitológico, Carlos Perelló; la producción ejecutiva, Emma Arquillué y Anna Rius; las máscaras, Camelot Fx; y el vestuario, Macarena López. Se agradece la colaboración de Alexandre Rodríguez i Fons, Marcel Solé, Claudia Garcia, Albert Ventura, Arts Santa Mònica y la familia Macho Otero.

Reparto, por orden alfabético:

Santiago Aguilera
Arnau Comas
Pablo Macho Otero

El espectáculo es una coproducción del Teatre Lliure con Mola Produccions, que cuenta con el apoyo del Institut Català de les Empreses Culturals – ICEC y El Canal – Centre d'arts escèniques (Salt).

Prosopopeya recibió la Beca Carme Montoriol 2022 del Ayuntamiento de Barcelona para la creación del texto y la Beca Barcelona Crea 2024 del Ayuntamiento de Barcelona para la creación del espectáculo.

Prosopopeya

Yo salgo del teatro
igual que me despierto:
tratando de entender
lo que pasó en el sueño.

NARCISO PROSOPOPOULOS

Prólogo. El espejo soy yo

Cuando me propusieron el proyecto
de estrenar una obra en esta sala
me dio un pequeño vuelco el intelecto
y me puse a llorar a punta pala.
Era un llanto de júbilo, se entiende.
Llevaba muchos años esperando
este tipo de oferta y, por ende,
tenía que anunciarlo celebrando.
Después de tantos años escribiendo,
soñando con vivir de la cultura,
por fin alguien me estaba proponiendo
que diese rienda suelta a mi escritura.
Aunque ha pasado poco más de un año,
no recuerdo gran parte de la fiesta.
Mi único recuerdo es ir al baño
y articular mi frase más honesta.
En cuanto me topé con el espejo
—os juro que ojalá tenerlo en vídeo—,
me acerqué poco a poco a mi reflejo
y dije, sonriéndole: «Te envidio».
Lo que aún no sé muy bien
es quién envidiaba a quién.

El mundo es un cerebro

Imaginad que el mundo es un cerebro.
¿Sabéis cómo transmite información?
Un resumen fugaz, sin presunción.
Si alguien ya lo sabe, lo celebro.
De hecho, si hay científicos presentes,
no seáis muy severos, porque encima
de no tener ni idea, con la rima,
es chungo decir cosas coherentes.

Un estímulo llega a una neurona.
La neurona produce una descarga.
Aquí el primer científico se larga.
Es un impulso eléctrico, perdona.
Ese impulso genera una señal
que libera los neurotransmisores.
¿Y qué hacen, señoras y señores?
Propagan el mensaje neuronal.

Imaginad que el mundo es un cerebro
dentro del cual nosotros, las personas
—el ser humano—, somos las neuronas.

Ya sé que suena vago, lo vertebro.
Me ha llegado un estímulo potente.
En mi caso, la forma del mensaje
no es electricidad, sino lenguaje.
Y el neurotransmisor es diferente.
La forma que yo tengo de informar
son todos estos ruidos guturales
que emito con mis órganos vocales
y que para nosotros es *hablar*.
Entonces el mensaje es el siguiente:
la neurociencia dice que el *yo*
es una fantasía inexistente,
un mito en el que siempre se creyó.
Por mucho que parezca sorprendente,
dice que la noción tradicional
de ese *yo* profundo y esencial
no existe. Es un flujo permanente.

No es solo que no seas tu organismo,
porque tu cuerpo cambia todo el rato
y por lo tanto nunca eres el mismo,
o que tu identidad sea un relato
en constante evolución.
Eso no llama tanto la atención.
No nos resulta impactante.
Igual que no nos inquieta
saber que vas cambiando de careta
dependiendo de quién esté delante.
El contexto nos transforma.
Y no tiene que ver con el cinismo.
Si con tu novia actúas de una forma,
con tu madre no vas a ser el mismo.

A estas alturas de la conversación
sobre la identidad como ilusión,
siempre hay algún listillo que menciona,
con aires de profesor,
que la palabra *persona*
tiene un origen muy revelador:
en latín, su sentido original
es el de «personaje teatral»
o «máscara del actor».
Y, dicho sea de paso,
el listillo soy yo, en este caso.

Y aparte de las caretas
que siempre llevamos puestas,
sabemos que hay etiquetas
que también llevas a cuestas:
tu género, tu clase, tu cultura,
tu profesión, tu raza, tu estatura…
Nos condicionan nuestra identidad,
incluso nuestra personalidad.

Pero resulta que no es solo eso.
Es que el *yo* que creemos que se viste
con todas esas máscaras no existe,
es una construcción, es un proceso,
es un flujo de emociones,
pensamientos, percepciones…

Lo que llamamos *yo* es la consciencia
y no lo digo yo: es neurociencia.
Llamamos *yo* a la capacidad
de experimentar la vida,

por eso no es definida:
la consciencia no tiene identidad.

Aclaremos el mensaje
usando una metáfora teatral.
La consciencia no es un personaje
y tampoco es de índole actoral.
De entrada, los personajes
serían todos esos camuflajes
que cambiamos en función
de cada escena, cada situación.
Y el actor es el *yo* individualista,
la sensación de ser protagonista
llamada «la ilusión del usuario».
La consciencia sería el escenario.
No es *quién* sino el lugar donde se vive.
La consciencia no piensa, no percibe,
sino que *en* la consciencia
ocurren las percepciones,
pensamientos y emociones
que conforman la existencia.

Volvamos a empezar: imaginad
que el mundo es un cerebro, de verdad.
En ese caso, quizás,
igual que el mar se encuentra en cada ola,
la consciencia es una sola
y, cada cual, una neurona más.

Captatio benevolentiae

Y ya está. Esto sería.
Siendo totalmente honesto,
lo único que quería
era transmitiros esto.
Y cuando me di cuenta de que *yo*
quería contar esto y nada más,
pensé: «Bueno, ¿por qué no?
Entras, les dices esto y te vas.
No vamos a alargarlo porque sí.
Es mucho más claro así.
Añadir una hora, ¿para qué?».
Eso fue lo que pensé.
Pero, claro, había una cuestión.
El tema del compromiso.
El teatro esperaba una función.
Yo estaba muy indeciso.
Aunque a la vez si el *yo* desaparece,
porque es un mero engaño de la mente,
el compromiso ¿no se desvanece?
¿Quién se ha comprometido realmente?

Pero el proyecto estaba medio escrito
y se trataba de contar un mito.
Aunque estaba la opción de suspenderlo,
me pareció una lástima no hacerlo.

Oscuro y cuña del teatro.

Falca

Benvinguts al Teatre Lliure,
la funció ja ha començat.
Si encara no hi heu pensat,
per tal de poder conviure
sense que l'ambient es tensi,
activeu el mode avió.
Si ja el teniu en silenci,
traieu-ne la vibració.
Si algú el vol llençar, que el llenci,
p'rò si està apagat, millor.
Un cop comenci comenci,
si hi ha algun espectador
que el vulgui mirar, que pensi
que molestarà l'actor.
No seré jo qui el defensi.
M'he allargat un pèl, dispensi.
Mil gràcies per l'atenció.
Que gaudiu de la funció.

Invocatio

Calíope, permíteme nombrarte
para darle comienzo a esta epopeya
y cólmame del flujo de tu arte
para que pueda honrarte yo con ella.
Melpómene, que fuiste el estandarte
del arte que al vivir no deja huella,
insúflame tu aliento con Talía
pues no nació el teatro todavía.
Prosopopeya cuenta el nacimiento
del arte que es eterno en el presente,
del acto que se escapa con el viento,
la obra que es ahora eternamente;
un mito, una leyenda, un simple cuento,
que habla de mirarse frente a frente.
Busquemos la verdad que se extravió
en la historia que Prósopo vivió.

I-ntro

Siempre que hago esta función,
una duda me desgarra:
no sé si soy el que narra
o si soy la narración.
¿Yo soy o no soy ficción?
Y la pregunta me embiste,
porque mi yo se resiste
al hallazgo terrorífico
del mundo neurocientífico
que dice que el *yo* no existe.
Porque, si es un espejismo
sin una esencia concreta
—si el *yo* es una careta—,
entonces, el aforismo
de «conócete a ti mismo»
¿cómo diablos se interpreta?
Este poema concreta
la pregunta en la que hurgo:
Soneto del dramaturgo
que quisiera ser poeta.

Soneto del dramaturgo
que quisiera ser poeta

He desnudado el alma en otras voces,
disfrazado mi yo con personajes,
avivado placeres con mis goces,
cosechado aventuras de mis viajes.
He sembrado dolores con mis penas,
convertido en ficción mis frustraciones,
di latido a otras sangres con mis venas
y hasta tergiversé conversaciones.
He creado enemigos de mis credos,
condenado a morir mis ideales,
exhumado corajes de mis miedos,
arrancado victorias de mis males…
Y ahora que hablo yo, que soy quien vive,
no sé ni quién es yo ni quién me escribe.

II-ntro

El soneto no es de hoy,
pero como si lo fuera:
aunque ya no soy quien era
ni estaba donde ahora estoy
sigo sin saber quién soy.
Y el teatro, mi tormento,
es también mi tratamiento,
porque cuando estoy aquí
y dejo de hacer de mí
es cuando más yo me siento.
No quería hablar de mí
porque *yo* no sé quién es.
Pero ¿acaso lo que ves
no es un reflejo de ti?
La ciencia dice que sí,
que proyectas para fuera
lo que hay en tu sesera.
El summum del narcisismo:
hablar siempre de uno mismo
aunque uno mismo no quiera.
Pero a la vez, si uno ve

lo que uno mismo proyecta,
la situación es perfecta:
aunque yo os hablaré
de lo que vi o pensé,
vosotros escucharéis
aquello que proyectéis.
Hablando de mis movidas
hablaré de vuestras vidas,
que es justo lo que queréis.

Mímesis

Si el mundo es un escenario
yo no tengo personaje.
Al nacer no traje traje.
Por eso cambio a diario.
Soy cualquiera y lo contrario.
No sé cuál es mi papel
por mucho que lo medito.
¿Y qué hago entonces? Imito
a un modelo al que soy fiel
para parecerme a él.
Aristóteles ya dijo
—y la Historia lo atestigua—
que la forma más antigua
de aprender con regocijo
es la de la imitación,
la mímesis, la ilusión
de ser eso que no eres
porque, de alguna manera,
nuestra identidad se altera
y se expanden nuestros seres.
Y los que imito lo hicieron

con los que los precedieron
—clásicos de mucho antes.
Es a hombros de gigantes
como ves lo que ellos vieron.
Puedes subir solo a un monte,
pero sobre un mastodonte
—en lo que está escrito ya—
puedes mirar más allá
y ampliar el horizonte.
En Grecia se inspiró Roma
y ambas fueron el tesoro
del genial Siglo de Oro
de las letras de mi idioma
que mi escritura retoma.
Los autores que yo imito
—Calderón, Lope, sor Juana—
miraron el alma humana
en el arroyo infinito
de la fábula y el mito.
Y esos son los populares,
pero hay miles de poetas
con carreras más discretas.
Se olvidaron centenares
de escritores y juglares.
Y yo tengo la intención
de prestarles atención.
Descubrir una obra buena
de un autor que ni te suena
siempre da satisfacción.

Narciso Prosopopoulos

Y un día, escroleando
por Cervantes Virtual
—una biblio digital
que ojeo de vez en cuando—,
el edén del contrabando
de sustancias filológicas,
por causas etimológicas
algo llamó mi atención
ojeando la sección
de fábulas mitológicas.
Nombre del autor: Narciso
Prosopopoulos. Indago
y todo es bastante vago.
De todo lo que reviso,
lo que encuentro más preciso
—y no sin cierto desdén—
es que un profe de Jaén
—un tal doctor San Jerónimo—
sospecha que es un seudónimo,
pero no sabe de quién.
Ni siquiera es evidente

en qué época vivió.
Por la forma en que escribió
podría ser mucha gente,
incluso alguien reciente.
El autor borró su huella
y se diluyó con ella.
Y por eso aún cobra
más importancia su obra
llamada *Prosopopeya*.

El espejo y la máscara

En un pasado lejano,
sin una fecha concreta,
antes de que el ser humano
poblase nuestro planeta,
antes que la luz solar,
en su infinita caída,
se reflejase en el mar
igual que en plata bruñida,
Hefesto —siempre celoso
de que Afrodita, la hermosa,
yaciera, siendo su esposa,
con Ares, el belicoso—,
harto de recorrer cielos
con el peso de sus cuernos
y vagar por los infiernos
de quien padece de celos,
con un pedazo puro de obsidiana
que pulió, con destreza sobrehumana,
el dios de los artesanos,
con su fruncido entrecejo
y sus prodigiosas manos,
fabricó el primer espejo.

HEFESTO:

> Como si fuese un trofeo
> se lo entregaré a Afrodita,
> la de indómito deseo,
> y su belleza maldita
> le servirá de tortura
> pues verá el mal que me hizo
> cayendo en su propio hechizo
> de irresistible hermosura.
> Imposible de alcanzar,
> sabrá lo que es la tristeza
> de conocer su belleza
> y no poderla abrazar.

Para evitar que ella sospechara,
pensó que era mejor cubrir su cara.
O mejor, adoptar otro semblante.
Enmascarar su faz con otra faz.
¿Y qué mejor disfraz que el del amante
para evitar que fuera suspicaz?
Así que recorrió montes y mares
recogiendo un millar de materiales
—maderas, cueros, piedras y metales—
para reproducir la faz de Ares.
Y decidió forjar dos ejemplares.
Uno para engañar a su mujer,
otro para engañar a su rival.
En un primer momento quiso hacer
una versión de piedra y de metal.
Colocó aquella máscara en la cima
de la irrompible ladera
del mítico monte Sera
y así es como empezó su pantomima.

Hizo llegar a Ares el mensaje
de que un temible titán
lo llamaba charlatán,
desafiando su coraje.
Ares, acostumbrado a ser temido,
profundamente ofendido
porque un mero titán lo provocara,
comenzó una batalla sin cuartel
contra aquella montaña con su cara,
sin saber que aquel rostro… era él.
Mientras tanto, Hefesto, satisfecho
con la primera faz que había hecho,
para poder seguir con su artimaña
creó una faz de cuero y de madera
con apariencia aún más verdadera
que la que colocó en la gran montaña.
Vestido con el rostro del amante
se dirigió a la estancia de su esposa
y dijo, entregándole a la diosa
aquella frágil roca reflectante:

HEFESTO:
    Bella mía, mira aquí
    y entenderás mi deseo,
    porque sabrás lo que veo
    cuando yo te miro a ti.

Aunque el plan diseñado por Hefesto
era que su mujer se enajenara
después de contemplar aquella cara
imitando su rostro en cada gesto,
para la gran sorpresa de su esposo,
con clara decepción dijo Afrodita:

AFRODITA:
    Siendo mi rostro el rostro más hermoso
    esperaba una imagen más bonita.

Hefesto, con un ímpetu furioso,
le arrebató el espejo a su mujer
y al ver en él la faz del belicoso,
el dios, que no se pudo contener,
le atizó colosales puñetazos
rompiendo su invención en mil pedazos.
Fue presa de su propia mascarada
y de sus frenesís especulares.
Con la ira olvidó que iba tapada
su cara con la máscara de Ares
y así, como si no pasara nada,
para luego arrojarlos a los mares,
cogió, ante la atónita Afrodita,
los trozos de su cólera infinita.
Aquel vidrio, surgido de su fragua,
se esparció hasta los límites del mar
poblando de destellos toda el agua.
Hefesto, sin mostrar su malestar,
fue al claro río Rim para limpiar
sus puños salpicados con espejos,
ensangrentando el agua de reflejos.
De aquella espesa sangre de sus manos
y el agua cristalina de aquel río
mezcladas con aquel vidrio sombrío
emanó su reflejo: los humanos.
No es raro que el humano se pregunte
la irresoluble duda de ¿quién soy?,
¿qué soy?, ¿de dónde vengo, a dónde voy?
Porque es un sempiterno transeúnte

aún sin terminar, como un bosquejo,
sobre la superficie de un espejo.
Después de contemplar con atención
su nueva y azarosa creación,
Hefesto recordó la situación
y volvió a la habitación.
Sin ninguna intención de descubrirse,
siguió enmascarando su semblante.
Afrodita, después de desvestirse,
le dijo desde el lecho:

AFRODITA:
                          Adelante.

Hicieron el amor hasta dormirse.
Ella escogió creer que era su amante.
Él, por su parte, no lo desmintió.
Ninguno de los dos se arrepintió.
De aquella ambigua unión nació Narciso,
que se convertiría con los años
en la fuente de muchos desengaños
pues nunca pudo amar a quien le quiso.
La belleza fue su don
y también su maldición.

Aviso a navegantes

«Si bien a primera vista,
a nivel formal, sonoro,
el estilo da la pista
de ser del Siglo de Oro,
la posición más sensata
—aunque quizá me equivoco—
es suponer que se trata
de un texto neobarroco.
Es decir, que, a pesar
de un parecido exterior,
es fácil especular
que es bastante posterior.
Cualquier doctor que se precie,
incluso especularía
que el autor es una especie
de Pessoa de hoy en día.»

Eso dice el profesor
sin especificar fechas.
Y del verdadero autor
no tiene más que sospechas.

Aun así, San Jerónimo es un fiera.
Tiene una tesis doctoral entera
sobre Prosopopoulos, o quienquiera
que Prosopopoulos fuera.

Pessoa

Para seguir con el texto
sin que la duda os corroa,
pongámonos en contexto
contando quién fue Pessoa.
Aunque hablar de identidad
con él no tiene sentido,
su rasgo más conocido
es la peculiaridad
que el poeta portugués
usó cientos de seudónimos
llamados los *heterónimos*.
¿Y eso qué demonios es?
Como un seudónimo, pero
con su propia biografía,
su propia ideología
y un currículum entero.
No solo es un camuflaje
bajo el que el autor se oculta,
en este caso resulta
ser también un personaje.
Y lo que más impresiona

es conocer el sentido
literal de su apellido
que en portugués es *persona.*

Etimología

«Un auto sacramental
mucho más mental que sacro
sobre este simulacro
que es el acto existencial.»
O sea, vivir y tal.
Así es como define
San Jerónimo la obra.
Aunque lo sepáis de sobra
o alguien ya se lo imagine,
permitid que os adoctrine.
Para evitar la gestión
de consultarlo después:
la *prosopopeya* es
la «personificación».
La figura de ficción
que, desde tiempos lejanos,
otorga rasgos humanos
a objetos, animales,
y a fenómenos mentales
religiosos o profanos.
Etimológicamente,

en griego, concretamente,
significa «creación»
o «manufacturación
del rostro», literalmente.
Y *prósopo* significa
—y esto es lo que me apasiona—
no solo «rostro» o «persona»,
sino «máscara»; indica
el rostro que se fabrica,
un rostro que quizá miente.
Y puestos a traducir,
poulos ¿qué quiere decir?
Significa lo siguiente:
«hijo de» o «descendiente».
Quizá alguien ya repara
en una relación clara
entre apellido y nombre,
porque Narciso es un hombre
obsesivo con su cara.

El reflejo y el eco I

Eros, el dios del sexo y el amor,
hijo bastardo de Ares y Afrodita,
odió a su hermano menor
y a su belleza infinita.
La naciente humanidad
veneraba los rasgos de Narciso,
adoraba su mítica beldad,
pero a Eros le hacía caso omiso.
Celoso de la fama de su hermano
por toda la atención que recibía,
lo condenó a tener un cuerpo humano
con una peligrosa anomalía:
teniendo pretendientes por doquier,
ser incapaz de querer.
Cuando Eros lo maldijo,
Afrodita rogó a su primer hijo:

AFRODITA:
>   Mi amor, ya sé que odias a tu hermano,
>   pero no lo conviertas en humano.
>   Te lo ruego. Inflígele otro mal.

Eros, con pinceladas de sadismo,
le dijo:

EROS:

    Seguirá siendo inmortal
si se mantiene ajeno a sí mismo.
Si descubre su apariencia,
sentirá un amor tal
que pasará a ser mortal
y ese será el fin de su existencia.

Para que no pudiese enamorarse,
Afrodita convino con Narciso
que no podría ir, sin su permiso,
al claro río Rim a contemplarse.

Aparte

Hago un pequeño aparte, perdonad,
porque así de primeras no se aprecia.
No existe ningún «río Rim», en Grecia.
Ni en ningún otro sitio en realidad.
No debe confundirse con el Rin,
que ese sí que existe de verdad
y cruza media Europa por… En fin.
Yo ¿qué os iba a contar? Ah, sí, mirad:
El autor de este mito es un pillín.
Si lees *río Rim* justo al revés,
es decir, *mi ro ir*, ¿qué es lo que ves?
Un *miroir*, en francés, es un espejo.
Leyendo *río Rim* ves el reflejo
de la palabra *espejo*, en francés.
Ya sé que soy un friki, ya lo sé.
Volvamos a la historia que pausé.

El reflejo y el eco II

Perseguido por hombres y mujeres,
Narciso huyó también de otros mil seres:
de cientos de centauros lujuriosos,
de ninfómanas ninfas enfadosas,
de satíricos sátiros hastiosos
y de diosas odiosas y envidiosas.
No había cueva lo bastante oscura
ni elevación con suficiente altura
ni bosque que tuviese la espesura
que ocultase su hermosura.
Hefesto, viendo que aquello
no eran meros amores pasajeros
y que su hijo siempre iba a ser bello,
le fabricó una máscara de Eros.
Así lo protegía de la vista
de aquella gran legión de hostigadores,
pues perderían la pista
del foco de sus ardores.
Pero Hefesto sabía que el remedio
podía terminar siendo tortura.
Porque frenar el asedio,

aunque reduzca el daño, no lo cura.
La vida sin amor es un gran tedio
que puede terminar en la locura.
Y viviendo enmascarado
Narciso iba a ser siempre un desgraciado.
No podría fingir eternamente
oculto en aquel óptico embeleco…

Tal vez la más famosa pretendiente
fue la bella ninfa Eco.
La mayoría de los mitos cuentan
—aunque los mitos se inventan—
que la caracterizaba
una belleza escultórica
y un don para la retórica
que todo el mundo admiraba.
Su oratorio virtuosismo
junto al sublime encanto de su voz,
sin embargo, le dieron un feroz
afán de protagonismo.
Su fama era tan grande que Afrodita,
con ganas de ser descrita
por esa voz de acústica inaudita,
fue a hacerle una visita.

AFRODITA:
    Por el prodigio sonoro
    de tu voz acudo a ti.
    Si tus palabras son oro,
    dedícamelas a mí.

Pero Eco, que hablaba por los codos,
se escuchaba a sí misma todo el día

y, para asombro de todos,
no oyó lo que la diosa le pedía.
Profundamente ofendida
por esa ninfa engreída
embelesada por su propia voz,
Afrodita le dio un castigo atroz.

AFRODITA:
> Vivirás sola en cada lugar hueco,
> en cada valle y cada río seco,
> en cada cueva y cada recoveco...
> No serás nadie: solo serás Eco.

Jamás había estado tan furiosa.
Todo el mundo pensaba que la diosa,
con esa maldición sin previo aviso,
tendría suficiente, pero no:
Afrodita también la condenó
a estar enamorada de Narciso.

Hefesto, conmovido por la escena,
en secreto, mostró benevolencia.
No podía anular esa sentencia,
pero sí suavizarle la condena.
El dios, que conocía el sinsabor
de vivir una vida sin amor,
sabía que la única manera
de que Narciso la correspondiera
era que al verla se viera,
y al cabo de los años se muriera.
El amor, esa fuerza misteriosa
que es el germen de la vida,
y te hace sentir dios, o sentir diosa,

con Narciso sería su homicida.
Pero Hefesto estaba convencido
de que ni aquella ninfa ni su hijo
merecían perderse el regocijo
que es amar y ser correspondido.
Y al entregarle el rostro de su hijo
con lacrimosa voz, Hefesto dijo:

HEFESTO:
      Amar siendo mortal siempre es mejor
      que vivir para siempre sin amor.

Y dirigió a Eco hasta el lugar
donde estaba Narciso resguardado,
que en cuanto la vio llegar
cayó súbitamente enamorado.
Lo que Narciso ya no recordaba
es que sentir amor lo condenaba.

NARCISO:
      ¿Quién eres, ser prodigioso?

ECO:
      Oso, oso, oso…

NARCISO:
               ¿Oso?
      Los osos tienen mucho más cabello.

ECO:
      Bello, bello, bello…

NARCISO:

¿Bello?

Bello eres tú.

ECO:

Tú, tú…

NARCISO:

Te quiero tanto.

ECO:

Tanto, tanto…

NARCISO:

Es tanto que me espanto.
Por eso te suplico, por favor,
que me des una prueba de tu amor
para calmar mi alma apasionada.

ECO:

Nada, nada, nada…

NARCISO:

¿Nada?
Qué desdichado soy si no me quieres.

ECO:

Eres, eres, eres, eres…

NARCISO:

¿Qué soy, mi amor? Seré lo que tú quieras.

Eco:

>Eras, eras, eras, eras…

Narciso:

>Puedo ser lo que prefieras
>mientras me des el don de tus «te quieros».

Eco:

>Eros, Eros, Eros…

Narciso:

>   ¿Eros?
>Eros seré, si tú me amas así.

Eco:

>Sí, sí, sí…

Narciso:

>   Claro que sí.
>Seré lo que tu mente imaginó.

Eco:

>No, no, no…

Narciso:

>   ¿Cómo que no?
>Amor mío, no entiendo tu vaivén.

Eco:

>Ven, ven, ven, ven, ven, ven, ven…

Ella, la famosa ninfa Eco,
que fue seguramente la más sabia

en el mayor embeleco,
que es el arte de la labia,
inventora de historias y de nombres,
del mito más jovial al más macabra,
sedujo al más hermoso de los hombres
sin decir una palabra.

Y Prósopo fue el fruto de ese amor.
Poco después que Prósopo naciera,
Narciso descubrió con estupor,
de Eco, la apariencia verdadera.
Si ya era extenuante repetir
todo lo que su amante pronunciara,
Eco se estaba hartando de fingir
teniendo que vivir con otra cara.
Así que se descubrió.
Tan pronto como la vio,
Narciso, sin alterarse,
con mil enigmas internos,
infringió los dictámenes maternos
y fue al río Rim a contemplarse.
Allí murió, ahogado en su reflejo,
pues prefirió morir que hacerse viejo.

Tras la muerte de su amante,
Eco se murió de pena
y resonó retumbante
el eco de su condena:
«Vivirás sola en cada lugar hueco,
en cada valle y cada río seco,
en cada cueva y cada recoveco…
No serás nadie: solo serás Eco».

Viéndolo desprotegido,
Hefesto tomó a su nieto
apenas recién nacido
y se lo llevó en secreto.
Su fragua, de remoto paradero,
fue el mundo en el que el niño se crio
y pronto se convirtió
en un extraordinario mascarero.

Bululú

Según el limitado rastro escrito,
Prosopopoulos fue un bululú.
Y qué es un bululú, pensarás tú.
San Jerónimo dice, y lo cito:
«Desde el Siglo de Oro en adelante,
se llamó así al cómico ambulante
que llevaba por único equipaje
las obras que sabía de memoria.
Él solo, con su arte y su oratoria,
interpretaba cada personaje».
Similar a un juglar. Por otro lado,
el profesor también ha especulado
que, por el contenido metafísico
que el tal Narciso deja evidenciado,
es probable que fuera un iniciado
en el culto mistérico narcísico.

Culto narcísico

¿Qué es un culto mistérico?
Los misterios eran ritos
de carácter esotérico
que se basaban en mitos
con un fondo cadavérico.
Es decir, todos estaban
vinculados a la muerte.
Y los miembros se prestaban
a un secretismo tan fuerte
que, si hablaban, los mataban.
En términos de hoy en día
un culto así se vería
claramente como secta.
Una agrupación selecta
de hermética minoría.
Aquellos que se iniciaban
en el rito atravesaban
el mito en su propia piel,
metiéndose en el papel
del dios al que veneraban.
Y todos estos rituales

mantenidos en secreto,
en este caso concreto,
además de espirituales,
eran ritos teatrales.
Esta extraña tradición
entre arte y religión
pasó de padres a hijos
mostrando los entresijos
del arte de la actuación.
En la tradición narcísica,
Narciso no se moría
o, por lo menos, no de forma física.
Su muerte se concebía
más bien como alegoría.
Su muerte simbolizaba
el traspaso de un umbral
que el iniciado cruzaba
en el plano espiritual.
Era capaz de verse desde fuera
y veía su *yo* como un papel.
Dejaba de hacer de él
para poder ser cualquiera.
Por eso los escenarios
destinados a estos ritos
siempre llevaban inscritos
estos versos lapidarios:
«Aquel que muera antes de morir
ya no se morirá cuando se muera,
porque al morir no deja de vivir,
tan solo dejará de ser quien era».

Las máscaras y el reflejo I

Para sorpresa de Hefesto,
Prósopo resultó estar
sumamente predispuesto
a un profundo malestar.
Preguntaba con tristeza
acerca de la existencia,
y la falta de certeza
agravaba su dolencia.
Lo único que le daba
un mínimo de consuelo
era cuando se enfundaba
en los rostros de su abuelo.
Perfeccionó las máscaras que había
y las que no tenía las creó.
Hefesto le enseñó cuanto sabía
hasta que el aprendiz lo superó.
Cuando Prósopo creció
sintió un impulso intenso de salir
y en su pecho floreció
un apetito inmenso de vivir.
Juntó todas sus máscaras y quiso
ir a contarle al mundo la infinita

epopeya de Hefesto y Afrodita,
y Ares, Eco, Eros y Narciso.
Prósopo representaba
la historia de su familia
y la gente lo escuchaba
entre el sueño y la vigilia.
No sabían si era cierto
lo que Prósopo decía.
Aquello se parecía
a estar soñando despierto.
Y con las mismas máscaras contó
otros cientos de historias que inventó.
Sus dudas existenciales
se empezaban a extinguir.
Parecía que sus males
no le iban a seguir.
Y todo el mundo quiso ser testigo
del joven que era todas las personas,
que era el rostro del rey y del mendigo,
de héroes de guerra y amazonas;
que puso cara al íntimo enemigo,
más preciado que todas las coronas.
Para los sabios y los ignorantes
fue Prósopo el de todos los semblantes.
La calma se terminó
cuando alguien le preguntó:

Alguien:

    Puesto que puedes ser lo que tú quieres,
    yo quiero preguntarte: ¿tú, quién eres?

Prósopo logró ocultar
que aquello le molestó.

No mostró su malestar,
pero no le contestó.
Esa noche no durmió,
hablándole al firmamento.

PRÓSOPO:
>¿De quién es este lamento
>si no sé ni quién soy yo?
>¿Cómo puedo sentir tanto
>y no saber quién lo siente?
>¿Cómo puede haber un llanto
>que no conoce su fuente?
>Buscándome desespero,
>por más que sigo mis rastros.
>¿Y qué respuestas espero
>si converso con los astros?
>Solo estoy mirando estrellas.
>Aunque, pensándolo bien,
>cuando las observo a ellas,
>no sé quién observa a quién.

Nota al pie

En referencia a este verso,
Prosopopoulos, que fue
versado en el universo,
escribió esta nota al pie:
«El cosmos nos dio consciencia
por cósmico narcisismo:
para mirarse a sí mismo
contemplando la existencia».
Es un poco radical,
pero el concepto es bonito.
Sigamos con nuestro mito,
que ya se acerca el final.

Las máscaras y el reflejo II

En cuanto amaneció, se dirigió
al claro río Rim a contemplarse.
Quizá en el río daba con su *yo*.
Y cuando estuvo allí para mirarse:
agua. Agua fue todo lo que vio.
¿Y si no se trataba de encontrarse?
Mirando la corriente que fluía
sintió como su ser se diluía.
Y se adentró en el río confundido
hundiendo sus pisadas en el lodo.
Y se entregó, sin darse por vencido.
Y vio su nombre como un simple apodo.
Sintió la libertad de estar perdido.
Sintió la inmensidad de serlo todo.
Se desnudó y nadó hasta lo profundo,
nadó hasta no ser nadie siendo el mundo.

Anagnórisis

Aquí, al final del mito
—un tanto ambiguo, por cierto—,
se encuentra un pareado manuscrito
que me provoca un cierto desconcierto.
Al final del mito pone:
«Creyendo ser portuguesa
la persona fue francesa».
Y San Jerónimo expone:
«En términos generales
en lenguas occidentales,
la palabra *persona* se origina
en la *máscara* latina.
Y no solo en las románicas.
También en lenguas germánicas.
Para muchos, la sorpresa
es que la lengua francesa
quizá es la más juguetona:
la *personne* es la *persona*
como sustantivo o nombre.
Sin hablar francés, lo ves.
Pero *personne*, el pronombre,
designa *nadie* en francés».

San Jerónimo cuenta que Narciso
—Prosopopoulos—, tras pasar el rito,
decidió acabar el mito
en un lugar impreciso.
Por lo visto, se fue lejos
y se enfrentó a la escritura
en un taller de escultura
circundado por espejos.
Atrapado en el lenguaje
de la métrica y la rima,
se creyó la pantomima
de su propio *versonaje*.
Empezó a imaginar a un narrador
que encontraba el manuscrito
y también a un profesor
que analizaba su mito.
Queriendo ser Pessoa se perdió
dentro del laberinto de su yo.
«Creyendo ser portuguesa
la persona fue francesa.»
Creyendo desdoblar su identidad
resultó no ser *nadie* en realidad.

La jaula de espejos

Ni siquiera escribiendo logro salir de aquí.
Y, mire a donde mire, solo me veo a mí.
Esta jaula de espejos. Este viejo taller.
Y aunque hoy sea hoy, mañana será ayer.
Pese a estar rodeado de mis propios reflejos,
pese a estar en mi cuerpo, siempre me siento lejos.
Miro mi propia imagen, pero la siento ajena.
Me siento un mal actor fingiendo en una escena.
Intuyo que hay un yo pero jamás lo hallo.
No sé si soy la voz que escucho cuando callo.
La voz que piensa en mí, la voz que llevo dentro.
Me busco en esa voz, pero jamás me encuentro.
Y a la vez me da miedo llegar a dar conmigo,
me da miedo encontrarme y ser el enemigo.

En este cautiverio en el que estoy
es una paradoja mi existencia:
observo cada día mi apariencia
y sigo preguntándome quién soy.
Y, aunque el tiempo pase en permanencia,
no hay ayer, ni mañana; siempre es hoy.
Y yo, por muchas vueltas que le doy,

nunca logro entender mi penitencia.
Jamás consigo dar con un porqué.
Y ese es el verdadero cautiverio.
La mayor aflicción es el misterio.
El castigo es *saber* que no lo sé.
Sin esta facultad del pensamiento
no podría buscar una razón.
La razón, que es tal vez mi mayor don,
también es la razón de mi tormento.

No siempre estuve aquí. Recuerdo caras
distintas a la mía, y lugares
distintos a esta cárcel de mamparas
llena de frenesís especulares.
Recuerdo montes, valles, campos, mares,
recuerdo manantiales de aguas claras
sembrados de relámpagos solares.
Y recuerdo, recuerdo… ¿Por qué paras?
¿No siempre estuve aquí? O tal vez sí.
No sé lo que es recuerdo y lo que no.
No logro distinguir lo que viví
de lo que mi cerebro imaginó.
Creo tener recuerdos de otra vida,
pero quizá imagino que recuerdo,
igual que el loco piensa que está cuerdo
o el amnésico olvida que se olvida.
La única certeza es esta duda,
esta duda constante que me habita,
esta mente confusa y testaruda,
esclava de una búsqueda infinita.

El hecho es que no logro distinguir
lo que es una ilusión de lo que es cierto.

Lo cierto es que hay un cierto desconcierto
y una verdad difícil de seguir.

   Me miro fijamente en el espejo.

El peligro del espejo
no es el espejo en sí mismo.
El riesgo es el espejismo
de olvidar que es un reflejo.

Dicen que eres el reflejo
del espejo en que te miras.
Por eso dan el consejo
de escoger bien a qué aspiras.
Somos el eco lejano
de una voz hacia el futuro,
la sombra de un ser humano
que yo mismo me murmuro.

Se lo digo al del espejo,
por mucho que me deprima:
soy la rima de una rima
y el reflejo de un reflejo.

   Calavera.

La calavera es máscara y espejo,
porque al cubrir la faz de quien la enfunda
revela nuestra cara más profunda
oculta tras la carne y el pellejo.

La solución más decente
para salvarme la vida

es, paradójicamente,
convertirme en un suicida.

> *Intento suicidarme. Cuando estoy a punto de hacerlo, me detengo.*
> *Pausa.*

¿Por qué matar al cuerpo, si es la mente
con la que de verdad quiero acabar?
La mente es quien no deja de cavar
en el hoyo del *yo* constantemente.
Me cansa ser un ser conscientemente.
Me agota esta manía de escarbar,
pero al mínimo intento de escapar
la mente hace que siempre lo lamente.

Una vez escuché una antigua ley:
«La historia pertenece a quien la crea».
Y cuentan que a la reina Galatea
la talló Pigmalión, artista y rey.
Sabiendo que no habría una mujer
dispuesta, entre todas las mortales,
a cumplir sus estrictos ideales,
él prefirió esculpirla que escoger.
La divina Afrodita, conmovida
por aquella bellísima escultura,
en vez de rigidez, le dio ternura,
y en lugar de quietud, le insufló vida.

¿Y yo? ¿Soy escultura o escultor?
¿Y si, en mi caso, soy como el espejo,
que a la vez es retrato y es pintor
de todo lo que abarca su reflejo?
Aunque no sé quién soy, siempre soy yo.

Soy fruto del esfuerzo y del ingenio
de mí mismo. Mi yo me construyó.
Soy la obra maestra y soy el genio.
Soy el único digno del proscenio.
Soy el que al mismo Dios sustituyó.
Soy el protagonista primigenio,
el mito en el que siempre se creyó.

Digámoslo. ¿Qué es la Humanidad?
La juventud narrada por los viejos,
una historia de engaño y vanidad,
un gran mito de máscaras y espejos.

Somos como un elenco teatral.
Unos hacen de rey; otros, de siervos,
pero todos comparten un final:
ser pasto de gusanos y de cuervos.

Diciéndolo me siento diminuto,
pero pensaba que al llegar aquí
entendería algo sobre mí.
Y no he entendido nada en absoluto.
Al terminar, pensaba que en mi mente
todo tendría cierta conexión
y que al final, quizás, idealmente,
concluiría con una reflexión.
Pero mi identidad yace difunta.
Y en esta caja negra que es mi tumba,
en esta tumba abierta que retumba,
solo sé pronunciar una pregunta:
¿qué es la reflexión sino el reflejo
de la mente mirándose al espejo?

Tal vez soy un actor que no lo sabe,
que olvidó qué papel se le asignó,
o tal vez un autor me imaginó
y sabré que es ficción cuando se acabe.

Tal vez soy un autor cansado de buscarse
o un actor cansado de siempre interpretarse,
y me escribí este texto para ya no ser yo
y decir las palabras que otro me escribió,
para ya no buscarme, para ya no escoger
lo que quiero decir y quién quisiera ser.
Construí un personaje para poder ser visto
con la ingenua esperanza de creerme que existo.

No hay ninguna jaula con espejos.
No hay un prisionero solitario.
Aquí tan solo hay un escenario
y unos rostros, confusos y perplejos.

El ser humano es un pobre actor
soltado en mitad de un escenario
para hacer obras nuevas a diario,
de las cuales también es redactor.
Menudo reto ser un ser humano,
menuda imposición, menudo abismo:
tener que interpretarse a sí mismo
sin conocer quién eres de antemano.
Pero, a la vez, tal vez, de vez en cuando,
cuando te sientas presa del destino,
podrás sentir un gozo repentino
al recordar que estás interpretando.

Oscuro.

Epílogo. El espejo eres tú

Hace unos años —seis, a lo mejor—,
cuando estudiaba para ser actor,
tuve una especie de revelación.
Fue por una fugaz conversación
con una profe bastante exigente
en la clase de máscaras larvarias.
Si no sabéis qué son exactamente,
son unas con facciones muy primarias:
nariz triangular o muy redonda;
algunas sin nariz, otras sin boca...
Y hay que encontrarle, a la que te toca,
el movimiento que le corresponda.
Se usan mucho en el aprendizaje,
porque es la fase previa al personaje.
Solo hay formas. No son rostros humanos.
No puedes hacer gestos cotidianos.
Hay que adoptar el cuerpo que coincide.
Se trata de encarnar, de darle vida
al cuerpo que la máscara te pida.
Fundamental: la máscara decide.
¿Por qué resulta un reto? ¿Por qué cuesta?

Porque tú no la ves: la llevas puesta.
La profe acaba su presentación
acerca de la práctica en cuestión
y nos pregunta si hay alguna duda.
Nadie se atreve a hablar. La clase, muda.
Y, con su habitual tono severo,
me mira y me dice: «Tú primero».
Yo me pongo de pie, voy para allá,
trato de no mostrarme muy reacio,
cojo la máscara que ella me da
y me coloco en medio del espacio,
mientras ella se sienta en mi butaca.
Me quedo quieto ahí, como una estaca.
Y, antes de empezar el ejercicio,
con todos observando, como ahora
—todos y en especial la profesora—,
ya no sé si por miedo o por prejuicio,
ma sale preguntar: «¿Y no hay espejo?».
Y me dice: «¿Espejo? ¿Para qué?».
Y yo le digo: «Bueno, no lo sé,
un bailarín ensaya con reflejo.
Igual también nos puede servir vernos
para tener parámetros externos».
Aquello le sentó como una lanza.
Dice: «Para empezar, esto no es danza.
Eso ya, lo primero. Y segundo:
ya tienes un espejo. El mejor.
El espejo más nítido del mundo
somos nosotros: el espectador».

Apéndices

«Tres palabras»
DR. SAN JERÓNIMO

«Yo es otro» de Rimbaud
y «Dios ha muerto» de Nietzsche
son mis dos frases fetiche.
Cada una derrumbó
un tabú fundamental:
una, el *yo* aislado individual;
otra, el Dios supremo e inmortal.
Lo que las hace ilustres por igual
es que las cojas por donde las cojas
contienen un sinfín de paradojas.
Para la visión dual
de la mente occidental,
la frase de Rimbaud es un disparate,
o por lo menos fuente de debate:
«El *yo* es *yo* en tanto que no es otro;
si *yo* es otro, deja de ser *yo*».
Rimbaud seguramente se rio
y pensó: «Si hay un muro, yo me empotro».

Desde otro punto de vista,
un filólogo o lingüista
diría que a nivel gramatical
esta famosa cita del francés
está intencionadamente mal,
porque el *yo* no concuerda con el *es*.
Está en tercera persona
y gramaticalmente no funciona.
Y también se ha disertado
por muchos otros porqués.
Y la frase de Nietzsche ha despertado
el mismo, o quizá más interés.
Si digo «Dios ha muerto», no lo veo
como un ente divino omnipotente,
sino como ilusión inexistente.
Pero a la vez —o al menos eso creo—
solo puede morir quien ya vivió.
Ergo, si muere Dios, es que existió.
Entonces, si lo digo, ¿soy ateo?
Y lo más inspirador
de dos citas así, como escritor,
es que han hecho correr ríos de tinta
—cientos de interpretaciones,
millares de lecturas y versiones,
cada cuál más variopinta—
con solo tres palabras, solo tres.
Y, esto, ¿qué demuestra?, ¿qué acredita?
Que lo que una gran cita necesita
es más elemental de lo que crees:
no hacen falta doctrinas culminadas,
ni dogmas, ni moralejas,
ni siquiera palabras muy complejas;
basta que sean tres bien combinadas.

El autor de cualquier libro que abras
—aunque solo lo piense para sí—
ha soñado con una cita así:
que resuma su obra en tres palabras.
Del total de mis páginas escritas
mi gran cita sería: «Yo ha muerto».
Pero, si es mía o no, es algo incierto:
porque une mis dos citas favoritas.
Tampoco sé si importa quién lo ha escrito
si el concepto de *yo* solo es un mito.

«Epitafio»
Narciso Prosopopoulos

El futuro en que estarás
para mí, que te escribí,
y el pasado en que viví
para ti, que me leerás,
son presente y nada más.
Yo estoy escribiendo ahora
lo que ahora estás leyendo:
un texto que va tejiendo
esta mente narradora
que proyecta y rememora.

Este libro se envió a imprenta en diciembre de 2024.
El texto finalmente representado en el Teatre
Lliure puede contener variaciones
respecto al impreso, sin que ello
afecte a su esencia.

Amb aquest segell, l'Institut de l'Ecoedició certifica que aquest títol ha estat imprès seguint criteris d'ecoedició.

Pots trobar més informació a **institutecodicio.cat**

bDAP202406389

MOTXILLA ECOLÒGICA

Aquest quadre resumeix l'impacte ambiental d'aquest exemplar, des de la seva creació fins que t'ha arribat a les mans i fins que acabi la seva vida útil.

PETJADA DE CARBONI (g CO$_2$ eq.)	RESIDUS GENERATS (g)	CONSUM D'AIGUA (L)	CONSUM D'ENERGIA (MJ)	CONSUM DE MATÈRIES PRIMERES (g)
313	47	11	11	218
52	7	2	2	31

Aquests són els ESTALVIS que hem aconseguit generar en aquest exemplar mitjançant criteris d'ecoedició*
* Respecte una publicació comuna

 La petjada de carboni d'aquest exemplar és equivalent a un viatge de 4.24 km en autobús per persona